COLDPLAY
·· PROSPEKT'S MARCH

Music arranged by Derek Jones and Jack Long.
Music processed by Paul Ewers Music Design.
Edited by Jenni Wheeler.

Cover painting by Eugéne Delacroix.
Original CD design by Tappin Gofton.
Photography by Stephan Crasneanscki.

ISBN: 978-1-4234-7805-8

7777 W. BLUEMOUND RD. P.O. BOX 13819 MILWAUKEE, WI 53213

Printed in the EU.

Visit Hal Leonard Online at
www.halleonard.com

Life In Technicolor ii

Words & Music by
Guy Berryman, Chris Martin, Jon Buckland, Will Champion & Jon Hopkins

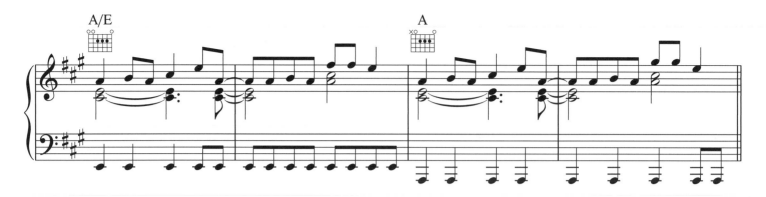

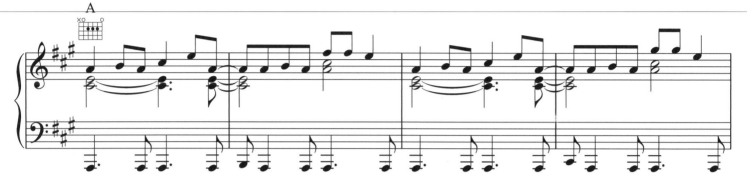

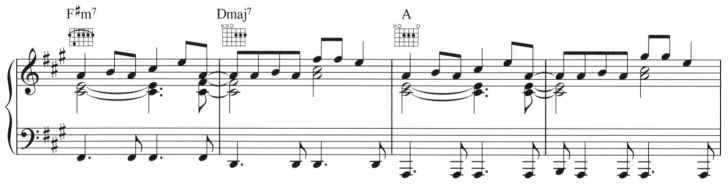

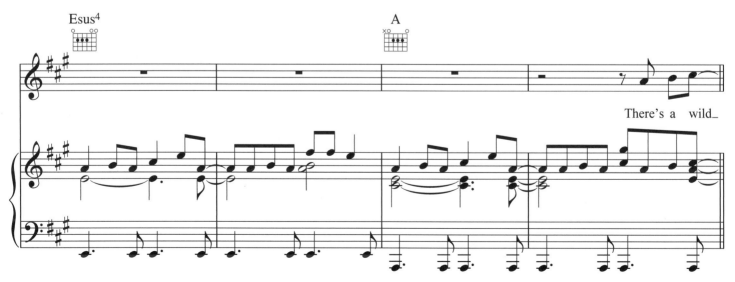

There's a wild_

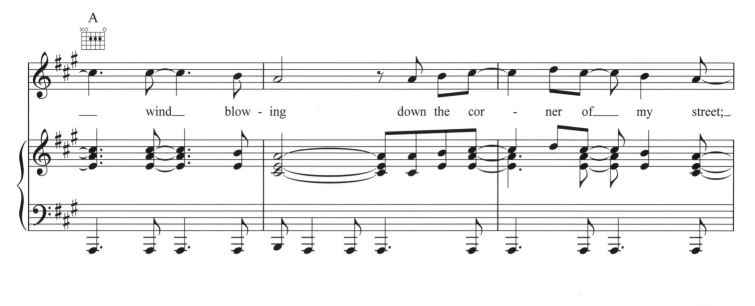

wind blow - ing down the cor - ner of___ my street;___

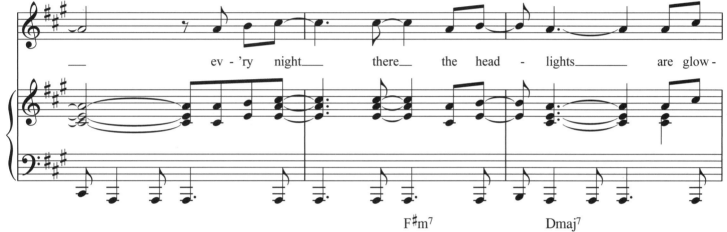

_ev - 'ry night___ there___ the head - lights___ are glow -

-ing._____ There's a cold___ war___ com - ing, on the ra -

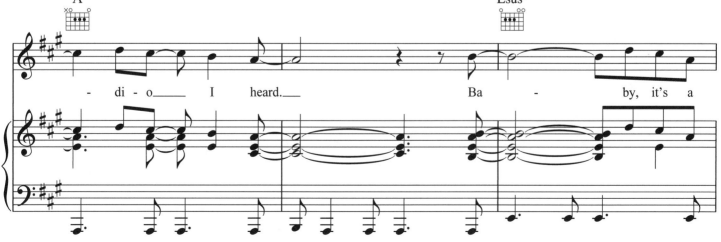

- di - o I heard.___ Ba - by, it's a

7

8

feet_____ won't touch____ the ground.____

Time____ ____ came____ a - creep - ing, oh, and time's____ a load - ed gun.____ Ev-'ry road____

9

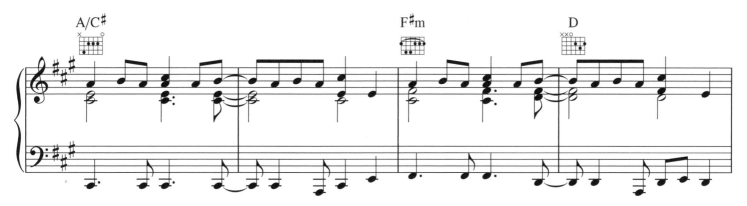

Grav - i -ty__ re - lease__ me, and don't ev-

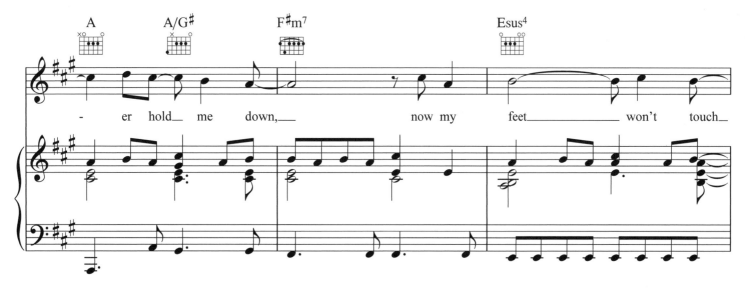

- er hold__ me down,__ now my feet_____ won't touch__

the ground.__

11

Postcards From Far Away

Words & Music by
Guy Berryman, Chris Martin, Jon Buckland & Will Champion

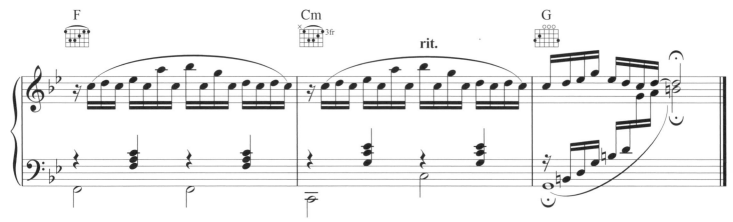

Glass Of Water

Words & Music by
Guy Berryman, Chris Martin, Jon Buckland & Will Champion

Son,

ask. Nei - ther

half full_____ or emp - ty is___ your

glass. Cling

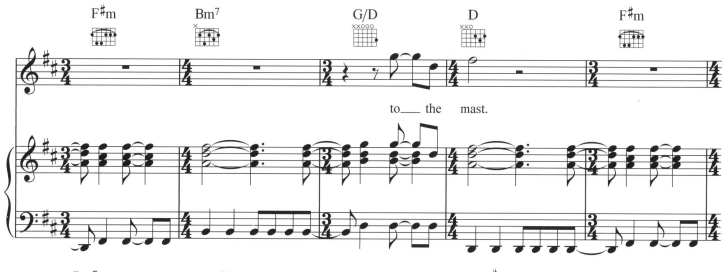

to___ the mast.

Spend_ your whole life_____ liv-ing

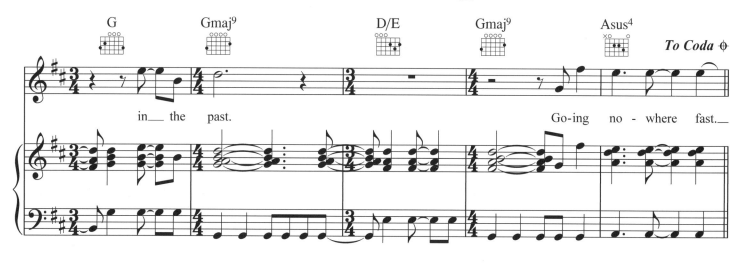

in___ the past.

Go-ing no - where fast.___

To Coda ✛

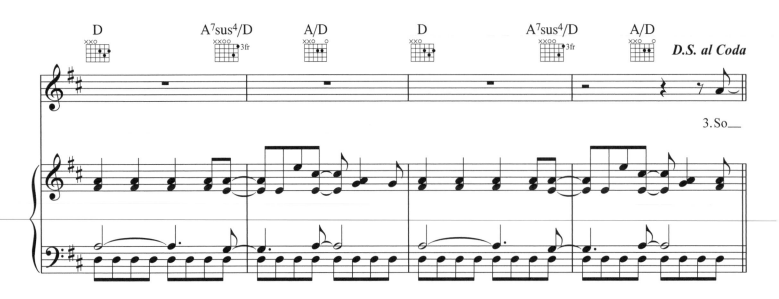

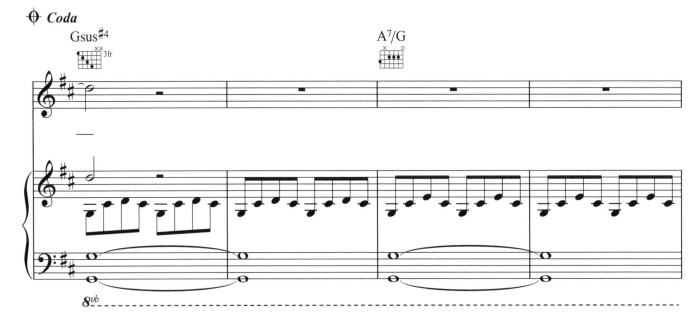

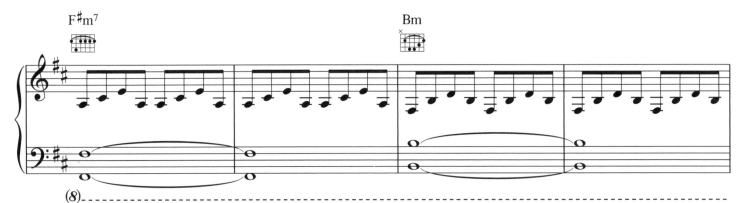

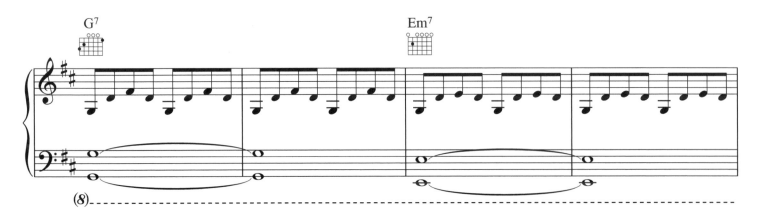

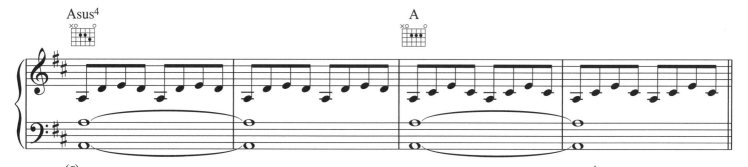

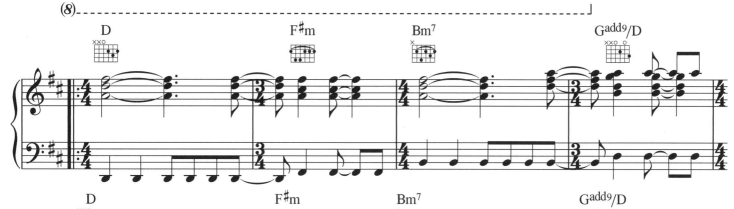

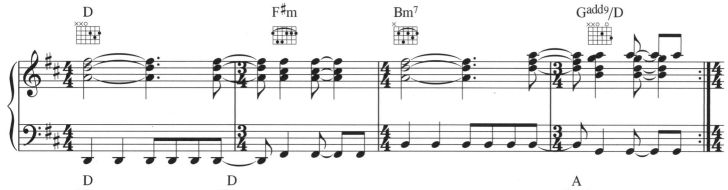

Oh, what are_____ we drink-ing when__ we're done?__

Glass-es of wa - ter._____

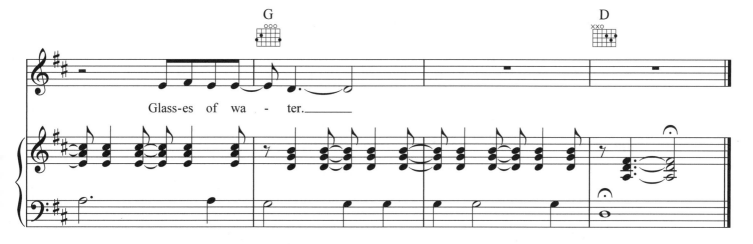

Rainy Day

Words & Music by
Guy Berryman, Chris Martin, Jon Buckland & Will Champion

was just float-ing a-way.___ We can watch it and stay___ and we can lis-ten.

Oh.___

1° only

Oh, rain-y day___ come a-round.___

Some-times I just want it to slow___down.

We're sep - a - rat - ed now, I'm down.___ But I love___

___when you come o - ver to my house. I love it when you come o - ver to my house.

Oh.___

Prospekt's March/Poppyfields

Words & Music by
Guy Berryman, Chris Martin, Jon Buckland & Will Champion

Smoke is ris - ing___ from the hou - ses.___ Peo-ple bur-y-ing their dead.

I ask some-bod-y___ what the time is___

but time does-n't mat-ter to them yet.___ Peo-ple talk - ing with-out

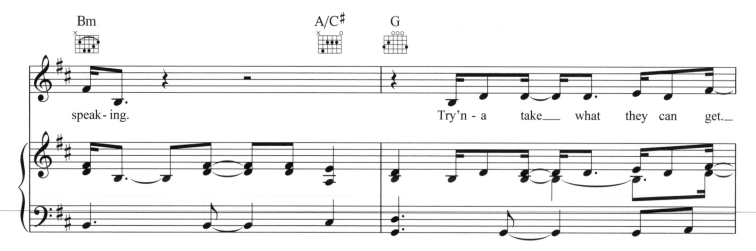

speak- ing.   Try'n - a take___ what they can get.___

___   I ask you___ if you re - mem - ber.

Pros-pekt how could I_____ for-get?   Drums,___

___   here___ it comes.___

G

Don't___ you wish that life could be as sim-ple as fish___

E7

___ swim-ming 'round in a bar-rel when you've_____ got the gun?___

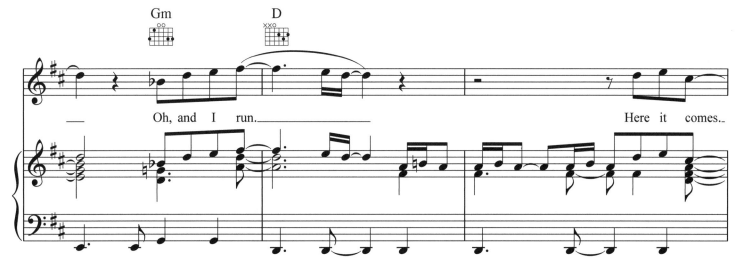

Gm   D

Oh, and I run._____   Here it comes._

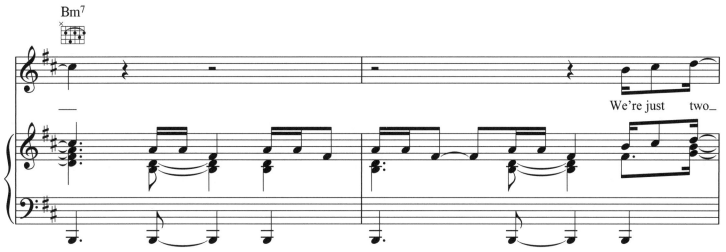

Bm7

___   We're just two_

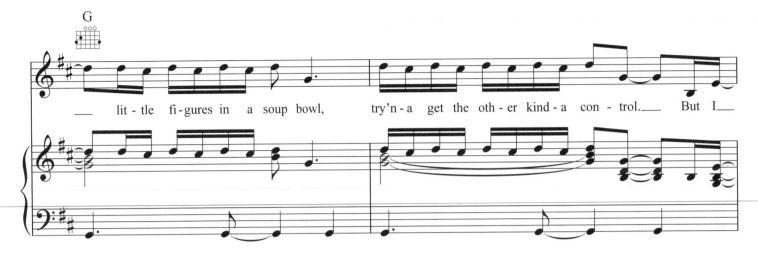

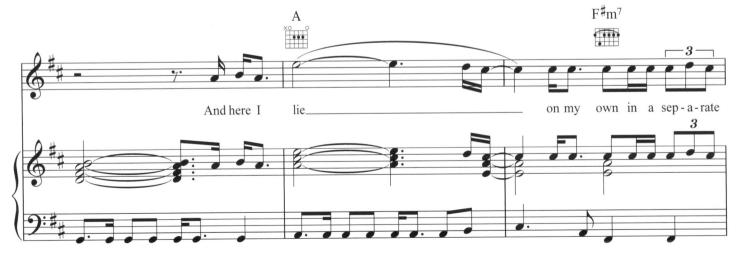

sky.

I don't wan-na die

on my own here to - night.

But here I

lie

on my own in a sep-a-rate

sky.

29

LOST+

WORDS & MUSIC BY
GUY BERRYMAN, CHRIS MARTIN, JON BUCKLAND, WILL CHAMPION & SHAWN CARTER

1. Just be-cause I'm los-ing, does-n't mean I'm lost,_____ does-n't mean I've stopped,_____ does-n't mean I'm a - cross._____

Lovers In Japan (osaka sun mix)

Words & Music by
Guy Berryman, Chris Martin, Jon Buckland & Will Champion

to see what it feels like now. I

have _____ no doubt, _____ one day { we're the

gon - na ___ get out. ___
sun will ___ come out. ___

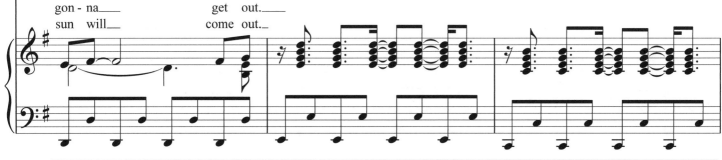

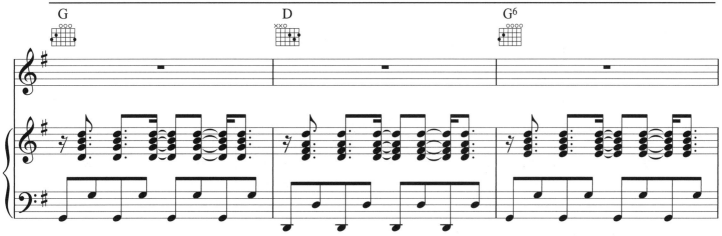

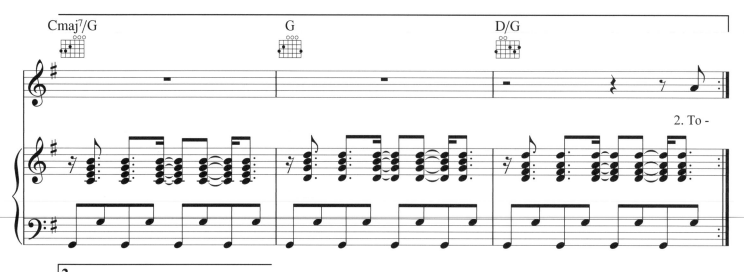

2. To -

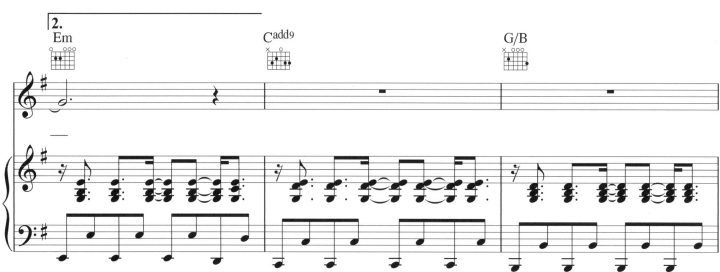

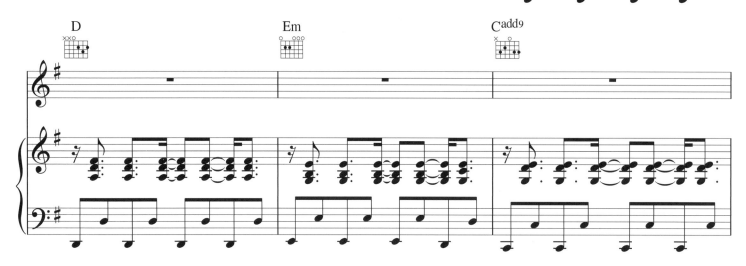

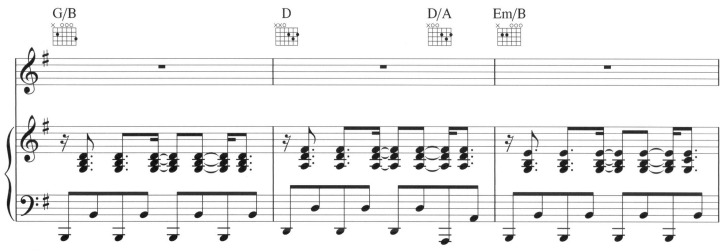

Now My Feet Won't Touch The Ground

Words & Music by
Guy Berryman, Chris Martin, Jon Buckland & Will Champion

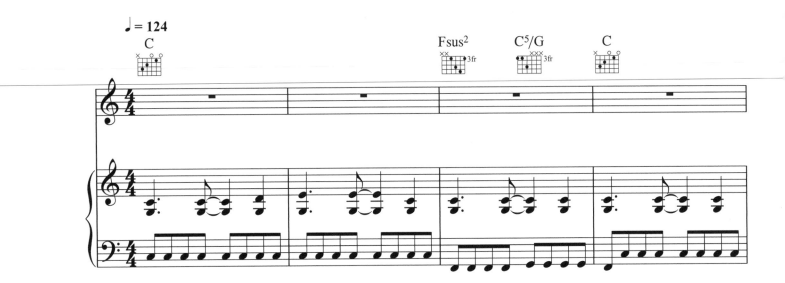

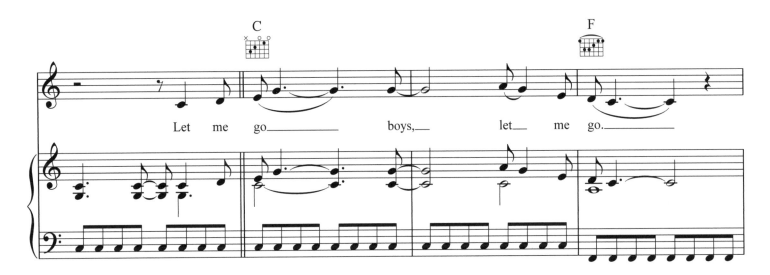

Let me go_____ boys,_____ let__ me go._____

Push my boat from the high-est cliff____ to the sea__ be - low.

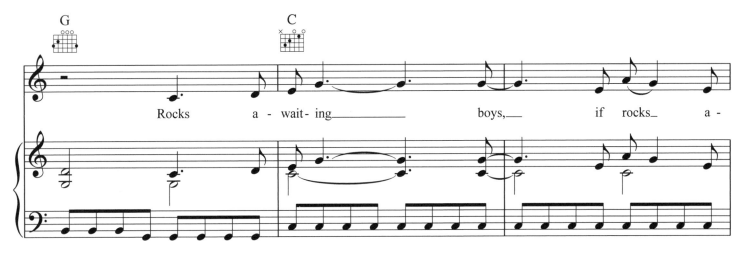

Rocks a - wait - ing_____ boys,___ if rocks___ a -

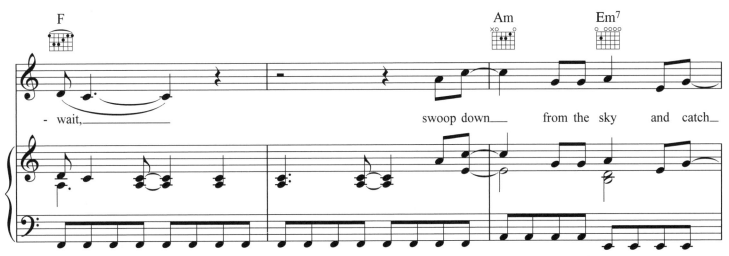

- wait,_____ swoop down___ from the sky and catch___

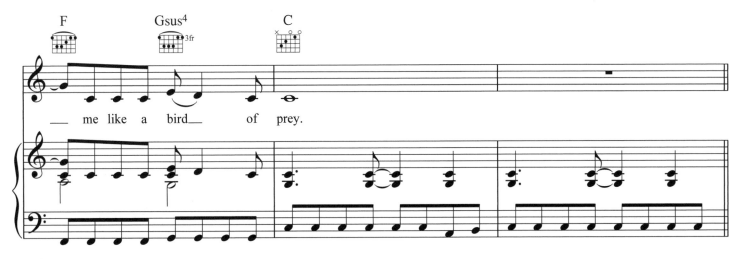

___ me like a bird___ of prey.

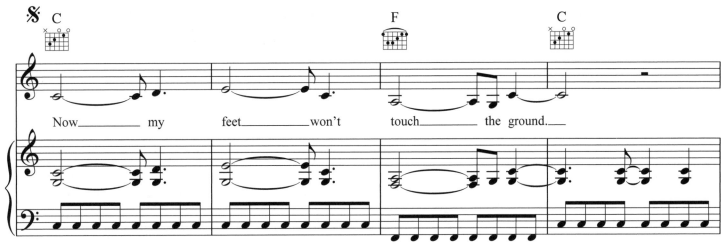

Now_____ my feet_____ won't touch_____ the ground.___

Now_____ my head_____won't stop. You

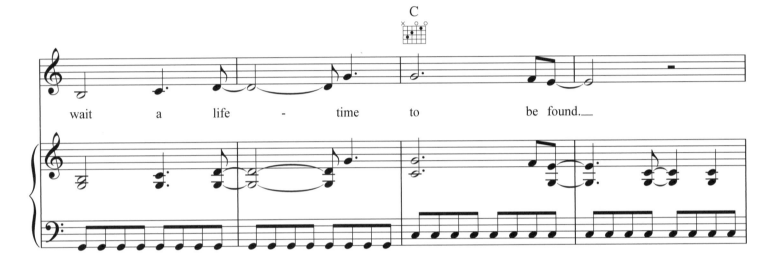

wait a life - time to be found.___

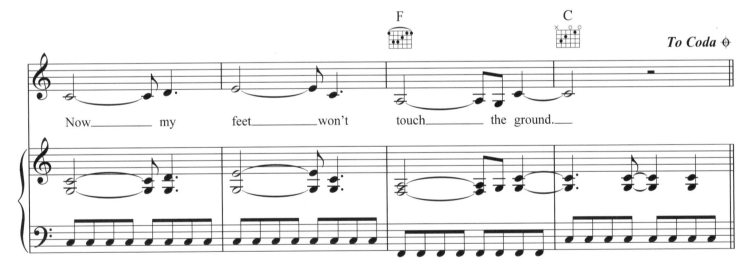

Now_____ my feet_____won't touch_____ the ground.___

44

Now___ my feet___ won't touch___ the ground.___

Sing-ing

D.S. al Coda

Coda

45

A Spell A Rebel Yell

Words & Music by
Guy Berryman, Chris Martin, Jon Buckland & Will Champion

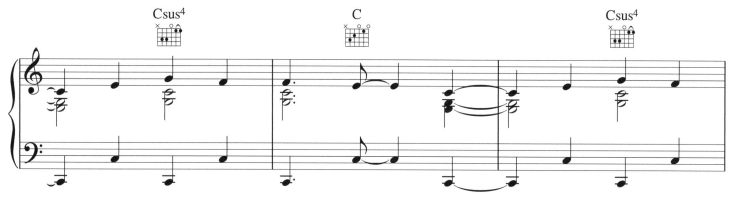

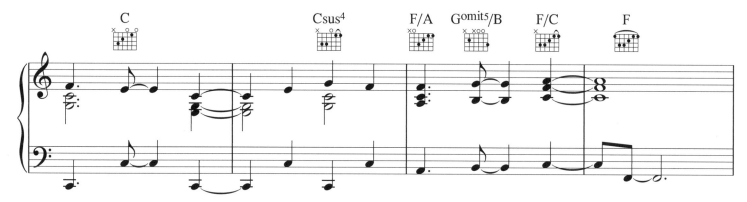

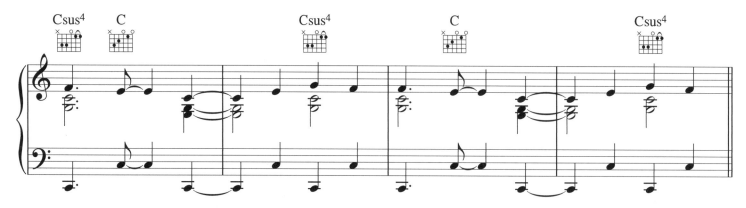

sing to me___ a song.___
-way from me___ so long.___

'Cause all I } want in this world,_____ all I
All I }

want in this world___ is for you to come home._____

A spell, a re - bel yell;___ a spell.

49

Death Will Never Conquer

Words & Music by
Guy Berryman, Chris Martin, Jon Buckland & Will Champion

D.S. al Coda

3. If__

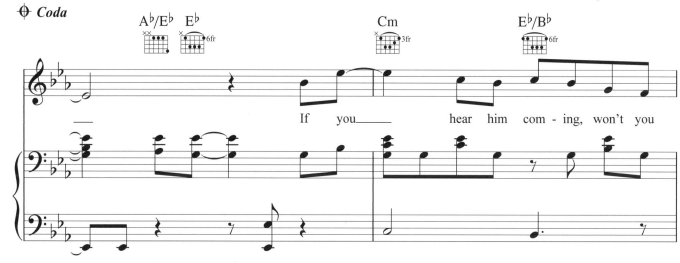

Coda

If you____ hear him com - ing, won't you

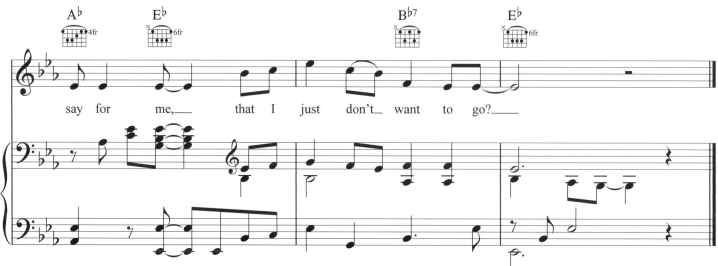

say for me,___ that I just don't_ want to go?___

52

The Goldrush

Words & Music by
Guy Berryman, Chris Martin, Jon Buckland & Will Champion

♩ = 136

N.C.

Drums

F

(𝄋) ___ went dig-ging for gold._____ I went down_
(2.) ___ went dig-ging for gold._____ I went down_

1. I___

___ to the val-ley, o - ver by the moun-tain where the Pros-pek - tor had been
___ with my broth-er, buck - et and a shov-el, a book a-bout the col-our of coal._

I've been dig - ging so long that I nev - er see the

sun.

3. I___

sun.

I've been dig-ging so long that I nev-er see the

sun.

I've been dig-ging so long that I nev-er see the sun.

Lhuna

Words & Music by
Guy Berryman, Chris Martin, Jon Buckland & Will Champion

Original key B♭ minor

♩ = 70

1. (F) I'm all__ by__ my-self._____   I don't need an - - y-bod-y else.__

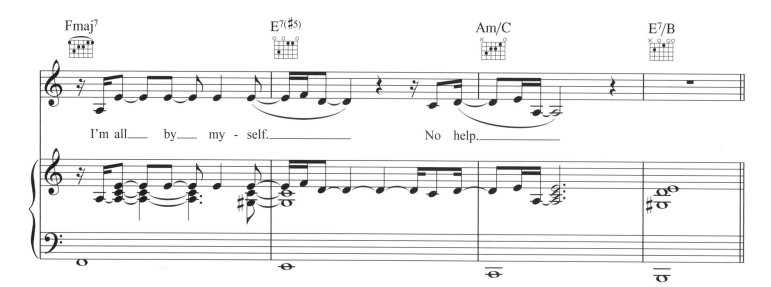

I'm all__ by__ my-self._____   No help._____

Lost?

Words & Music by
Guy Berryman, Chris Martin, Jon Buckland & Will Champion

2. Just be-cause I'm hurt - ing, does-n't mean I'm hurt,_____
3. You might be a big fish in a lit - tle pond;_____

does-n't mean I did-n't get_____ what I de-served:_____ no bet-ter and no
does-n't mean you've won,_____ 'cause a-long may come a big-ger

worse._____ I just got lost. Ev-'ry riv-er that I
one._____ And you'll be lost. Ev-'ry riv-er that you

tried to cross, ev-'ry door I ev-er tried was
tried to cross, ev-'ry gun you ev-er held went

locked.   Oh,_____ and I'm_____   just wait-ing till the shine wears off._____

off.   Oh,_____ and I'm_____   just wait-ing till the fir - ing's stopped._

1.   **2.**

Oh,_____ and I'm_

_____   just wait-ing till the shine wears off._____

AM997194 2/09(168980)